Vente des Mercredi 28 Février et Jeudi 1er Mars 1877

(SALLE N° 8)

AQUARELLES ET DESSINS

ANCIENS & MODERNES

Exposition Publique : le Mardi 27 Février 1877

De une heure à cinq heures.

Me CHARLES PILLET,
COMMISSAIRE-PRISEUR
10, rue de la Grange-Batelière.

M. E. FÉRAL, Peintre,
EXPERT
54, rue du Faubourg-Montmartre.

CATALOGUE

DE

AQUARELLES & DESSINS

ANCIENS & MODERNES

Au nombre desquels on remarque dans les anciens
des œuvres de :

L. Boilly, de Boissieu. F. Boucher. Bouchardon. Carmontel. Carrache. Della. Bella, Demarne. Fragonard. Géricault. Granet. Greuze. Guardi. Houel, Le Prince, Michel. L. Moreau. Le Parmezan. Perino del Vaga. Prud'hon. Jules Romain. Saint-Aubin. Tiepolo. Tintoret. etc.

VIGNETTES DU XVIIIe SIÈCLE

Par Boucher. Cochin. Eisen. Gravelot. Moreau le jeune. etc.

Dans l'École moderne des œuvres de:

Allongé. Alt. Baron. Beaumont. Bonington. Bosboom. Callow. Chavet, Decamps, Eug. Delacroix. Fortuny. Gavarni. Granet. Hamman. Jacque. Eug. Lami, Nüyen. J. Ouvrié. Fils, T. Rousseau. Simonetti. Tassaert. Troyon. H. Vernet. Zichy. Ziem. etc.

DONT LA VENTE AURA LIEU

HOTEL DROUOT, SALLE N° 8

Les Mercredi 28 Février et Jeudi 1er Mars 1877,

A DEUX HEURES.

Par le ministère de Me CHARLES PILLET, Commissaire-Priseur,
10, rue de la Grange-Batelière,

Assisté de M. E. FÉRAL, Peintre-Expert, 54, rue du Faubourg-Montmartre,

Chez lesquels se trouve le présent Catalogue

EXPOSITION PUBLIQUE : le Mardi 27 Février 1877,

DE UNE HEURE A CINQ HEURES

CONDITIONS DE LA VENTE

Elle sera faite au comptant.

Les adjudicataires payeront *cinq pour cent* en sus des enchères.

L'expert se réserve la faculté de rassembler ou de diviser les lots.

Paris. — Typ. PILLET et DUMOULIN, 5, rue des Grands-Augustins.

DESSINS ANCIENS

DESSINS ANCIENS

BAROCHE (Frédéric)

1 L'Adoration des Mages.

Plume et sépia.

Charmant petit dessin.

Haut., 11 cent.; larg., 8 cent. 1/2.

BOILLY (Louis)

2 — Portrait de l'artiste.

En buste, tête nue, il porte des lunettes.

Estompe et crayon noir.

Signé L. B. 1832.

Haut., 23 cent.; larg. 16 cent.

BOILLY (LOUIS)

3 — Scène d'inondation.

Des soldats entrent par une fenêtre et viennent au secours d'une famille.

Beau dessin à la sépia. Signé et daté 1808.

Haut., 23 cent.; larg., 33 cent.

BOILLY (LOUIS)

(PENDANT DU PRÉCÉDENT)

4 — Scène d'inondation.

Les mêmes personnages dans un bateau; la grand'mère, les mains levées vers le ciel, remercie Dieu.

Beau dessin à la sépia. Signé et daté 1808.

Haut., 23 cent.; larg., 31 cent.

BOISSIEU (J.-J. DE)

5 — Paysage et monuments en ruine.

Au centre, une rivière; des pêcheurs, montés dans un bateau s'approchent du rivage, sur le bord plusieurs personnages regardent un artiste occupé à dessiner; à droite, une porte monumentale; au premier plan, un vieillard, armé d'une loupe, cherche à déchiffrer une inscription sur une pierre; à gauche, au second plan, un temple en ruines, un peu plus loin, une riche habitation; vers le fond, un pont, quelques bouquets d'arbres placés à différents plans. Des personnages et des bestiaux animent cette riche composition, qui est vivement éclairée par les rayons d'un soleil couchant.

Très-belle aquarelle de la plus remarquable finesse. — Signée du monogramme et datée 1792.

Haut., 21 cent.; larg., 43 cent.

BOISSIEU (J.-J. DE)

6 — **L'Arrivée de Pie VII à Lyon.**

Le Pape, entouré de quelques personnages, est monté dans un bateau couvert d'une tente, il bénit des villageois agenouillés les uns sur le rivage, les autres sur un bateau.

Très-beau dessin. Signé en toutes lettres, encre de Chine.

Haut., 23 cent.; larg., 30 cent.

BOISSIEU (J.-J. DE)

7 — Paysage.

Au premier plan, une ferme au bas d'une colline boisée surmontée de constructions en ruines; des figures et des animaux animent cette charmante composition.

Dessin à l'encre de Chine de la plus remarquable finesse.

Haut., 16 cent.; larg., 23 cent.

BOISSIEU (J.-J. DE)

8 — Porte de ferme.

Une vieille femme tient une quenouille et file, une petite fille est auprès d'elle.

Fine aquarelle.

Haut., 12 cent.; larg., 8 cent

BOISSIEU (J.-J. DE)

9 — Arbres et maisons en Bourgogne.

Beau dessin à l'encre de Chine. Signé du monogramme.

Haut., 16 cent.; larg., 24 cent.

BOISSIEU (J.-J. DE)

10 — Étude d'arbres sur une colline et maison au second plan.

Encre de Chine. — Vente J. Gigoux.

Haut., 34 cent.; larg., 26 cent.

BOISSIEU (J.-J. DE)

11 — Étude d'arbres.

Un homme grimpe après le tronc d'un arbre mort dépouillé de son écorce.

Plume, encre de Chine et sépia.

Haut., 35 cent.; larg., 24 cent.

BOISSIEU (J.-J. DE)

12 — Paysage.

Au centre, une maison de paysan sur le penchant d'une colline boisée, une vieille femme descend un sentier, deux villageois causent au bord d'un chemin.

Encre de Chine.

Haut., 18 cent.; larg., 24 cent.

BOL (FERDINAND)

13 — La Mise au tombeau.

Plume et encre de Chine.

Haut., 34 cent.; larg., 48 cent.

BOUCHARDON (EDME)

14 — Modèle pour un sceau royal.

Au centre, Apollon assis; à ses pieds, les attributs des arts.

Au bas on lit : bâtiment du Roy, 1738.

Sanguine.

Diam., 20 cent.

BOUCHARDON (EDME)

15 — Modèle pour un sceau royal.

Au centre, une jeune femme, posée sur un dauphin, tient une lyre.

Au bas on lit : marine, 1742.

Sanguine.

Diam., 20 cent.

BOUCHARDON (Edme)

16 — Mars, Vénus et un amour, d'après une pierre gravée antique.

Sanguine.
Ovale.

Haut., 15 cent.; larg. 12 cent.

BOUCHARDON (Edme)

17 — Le Génie de la poésie.

Sanguine.

Haut., 7 cent.; larg., 5 cent. 1/2.

BOUCHER (François)

18 — Les Trois Grâces.

Elles se tiennent enlacées, l'une tient une couronne, elles soutiennent sur leurs épaules un petit amour armé d'une flèche et tenant une torche enflammée.

Superbe dessin à la pierre d'Italie rehaussé de blanc. Signé et daté 1768. Il a été fait pour illustrer la traduction de l'ode de Pindare, *les Grâces*

puis J. Doucet
David Weill

par l'abbé Massieu, gravé par Simonet. Il a fait partie de la collection Norblin en 1855 et est cité dans le *Trésor de la curiosité*, par Charles Blanc. Tome deuxième, page 509.

Haut., 30 cent.; larg., 19 cent.

BOUCHER (FRANÇOIS)

19 — Mars et Vénus.

La déesse, descendue de son char, tient le héros entre ses bras; des petits amours voltigent autour d'eux.

Beau dessin à la pierre d'Italie, rehaussé de blanc.

Pour illustrer les *Métamorphoses* d'Ovide, traduction de l'abbé Banier.

Signé et daté 1767.

Haut., 31 cent.; larg., 21 cent.

BOUCHER (FRANÇOIS)

20 — Cour de ferme.

Au centre, une jeune femme jette du grain à des poules.

Ravissant petit dessin à la pierre d'Italie, rehaussé de blanc.

Signé : F. BOUCHER, 1751.

Haut., 19 cent.; larg., 29 cent.

BOUCHER (FRANÇOIS)

21 — Paysage avec cours d'eau traversé par un pont.

Constructions et laveuses au premier plan.
A la pierre noire.

Haut., 19 cent.; larg., 29 cent.

BOUCHER (FRANÇOIS)

22 — Pastorale.

Modèle pour un éventail à la pierre d'Italie.
Collection Frédéric Villot.

Haut., 17 cent; larg., 41 cent.

BOUCHER (FRANÇOIS)

23 — Composition allégorique pour un portrait de la marquise de Pompadour.

Dessin à la pierre noire, rehaussé de blanc.
Signé : F. BOUCHER.

Haut., 35 cent.; larg., 26 cent.

BOUCHER (FRANÇOIS)

24 — Paysage coupé par un cours d'eau.

A la pierre d'Italie.

Haut., 19 cent.; larg., 23 cent.

BOUCHER (FRANÇOIS)

25 — Le Gascon puni.

Aquarelle de l'artiste pour illustrer le conte de Lafontaine.

Signé : F. Boucher.

Haut., 20 cent.; larg., 28 cent.

BOUCHER (FRANÇOIS)

26 — Diane et Endymion.

A la pierre d'Italie.

Ovale.

Haut. 28 cent.; larg., 38 cent.

BOUCHER (FRANÇOIS)

27 — La Vierge portant l'enfant Jésus enveloppé dans ses langes.

A droite, le jeune saint Jean avec deux colombes.

Etude au pastel pour une grande composition très-connue de l'artiste qui a été gravée sous le titre : la Lumière du monde.

Gracieux pastel.

Haut., 50 cent.; larg., 62 cent.

BOUCHER (FRANÇOIS) et BOUCHARDON

28 — Un Génie tenant une pancarte où se trouvent des amours dessinant un buste de jeune femme.

Dessin très-intéressant, signé par les deux artistes et daté 1738.

A la pierre d'Italie.

Haut., 17 cent.; larg., 12 cent.

CAMPAGNOLA

29 — Adam et Ève chassés du paradis terrestre.

Dessin à la plume.

Signé.

Haut., 17 cent.; larg., 19 cent.

CARMONTEL

30 — Portrait de jeune fille.

En buste, la figure de profil, haute coiffure avec plumes et rubans.

Pierre d'Italie et pastel.

Haut., 35 cent.; larg., 24 cent.

CARMONTEL.

31 — Portrait de Mme Favart.

Elle est assise dans un jardin, faisant de la tapisserie

Au dos se trouve l'inscription suivante : « Mme Favart, 1760, Carmontel Delin..., la première est la plus aimable actrice du théâtre italien. C'est au nom de cette femme charmante que se rattachent les succès littéraires de son mari, qui vit encore et de l'abbé Devoisenon, son aide de camp. »

Dessin aquarelle.

Haut., 31 cent.; larg., 19 cent.

CARMONTEL

32 — Portrait de Garrick.

Au dos de cette aquarelle on lit l'inscription suivante : Le célèbre Garrik, tragique et comique, Carmontel Delin... *ad vivum* 1765. — Nota. Cette caricature fut faite au Raincy, sous les yeux de Monseigneur le duc d'Orléans, et passe pour une des plus parfaitement ressemblantes de l'auteur, etc.

Dessin et aquarelle de la plus remarquable finesse.

Haut., 31 cent.; larg., 19 cent.

CARMONTEL

33 — Portrait de Brissard.

Il est représenté debout, sous le rôle de Napbar. Au dos, se trouve l'inscription suivante : « Brissard, un des plus célèbres acteurs tragiques du dix-huitième siècle. » Dessiné en 1766 par Carmontel.

L'impératrice Catherine II en fit demander une copie à l'auteur par le baron de Grimm qui résidait alors à Paris, pour tout ce qui avait rapport aux relations de cette princesse avec les savants, les littérateurs et les artistes célèbres.

Dessin aquarelle.

Haut., 31 cent.; larg., 19 cent.

CARMONTEL

34 — Portrait de Grandval.

Il est dans sa bibliothèque, assis devant une table.

Au dos se lit l'inscription suivante : « M. Grandval célèbre comédien du Théâtre-Français. Il fit pendant plus de vingt-cinq ans les délices de la scène dans l'emploi des rôles nobles qui avaient illustré Baron. M. Grandval ne fut pas moins recommandable par sa moralité que par ses talents dramatiques, etc. »

Dessin aquarelle.

Haut., 30 cent.; larg., 17 cent.

CARMONTEL

35 — Portrait de Lekain.

Rôle de Néron dans *Britannicus*.
Dessin aquarelle.

Haut., 31 cent.; larg., 19 cent.

CARMONTEL

36 — Un Seigneur assis sur la terrasse d'une belle habitation.

Dessin aquarelle.

Haut., 30 cent.; larg., 28 cent.

CARMONTEL

37 — Une Dame assise dans un fauteuil près d'une fenêtre.

Dessin aquarelle.

Haut., 30 cent.; larg., 18 cent.

CARAVAGE (POLIDOR DU)

38 — Figures nues, chimères et mascarons, pour un olifant.

Superbe dessin d'une exécution ferme et savante.

Plume et sépia.

Haut., 20 cent.; larg., 13 cent.

CARRACHE (ANNIBAL)

39 — Dieu le Père, appuyé sur la croix, apparait dans une gloire à deux saints personnages.

Sépia rehaussée de blanc.

Vente J. Gigoux.

Haut., 29 cent.; larg., 22 cent.

CARRACHE (ANNIBAL)

40 — Différents épisodes des travaux d'Hercule.

Plume et sépia.

Haut., 21 cent.; larg., 32 cent.

COCHIN (CHARLES-NICOLAS)

41 — L'Invention du dessin.

Une jeune fille marque sur un mur le profil de son amant.

Gravé par B. L. Prévost.

La Composition.

Une jeune fille, transportée par un génie et suivie par un amour, s'élève vers le ciel.

Gravé par Auguste de Saint-Aubin.

Le Coloris.

Plusieurs personnages se préparent à décomposer des minéraux, pour en extraire les couleurs.

Gravé par Ponce.

Ces trois superbes dessins ont été faits pour illustrer le poëme en trois chants de Le Mierre, ayant pour titre *La Peinture.*

Sanguines.

Haut., 21 cent.; larg., 13 cent.

COCHIN (CHARLES-NICOLAS)

42 — La Clémence; le Pardon; l'Injuste; la Vengeance.

La Grâce divine; la Grâce.

La Générosité; la Libéralité; l'Avarice.

L'Abstinence; la Gourmandise.

Finesse ou Astuce; Stupidité; Sottise.

Félicité éternelle; Félicité publique; Félicité passagère; Infortune.

Six charmants petits dessins de la plus remarquable finesse.

Signés et datée 1776.

Pour l'iconologie par figures ou traité complet des allégories, emblèmes, etc.

Sanguines.

Haut., 10 cent. 1/2; larg., 6 cent.

COCHIN (CHARLES-NICOLAS)

43 — Portrait de la reine Marie-Antoinette.

En buste, de profil dans un médaillon ovale entouré de fleurs et soutenu par des amours.

Charmant petit dessin pour une composition allégorique plus importante qui a été gravée par B. L. Prévost.

Sanguine.

Haut., 11 cent.; larg., 14 cent.

COCHIN (CHARLES-NICOLAS)

44 — Amours soutenant un médaillon ovale entouré de fleurs.

Dessin pour la composition allégorique citée plus haut.

Sanguine signée et datée.

Haut., 20 cent.; larg., 9 cent.

COCHIN (CHARLES-NICOLAS)

45 — L'Adoration des Mages.

La Circoncision.

La Résurrection.

Saint Louis recevant la communion.

Quatre beaux dessins à la sanguine, deux sont signés et datés 1779 et 1780.

Haut., 25 cent.; larg., 14 cent.

COCHIN (CHARLES-NICOLAS)

46 — La Pentecôte.

Le Père Eternel et Jésus-Christ apparaissant dans une gloire; auprès d'eux un ange tient une croix; au-dessus le Saint-Esprit descendant sur les apôtres en langue de feu.

Sanguine.

Vente J. Gigoux.

Haut., 30 cent.; larg., 23 cent.

COCHIN (CHARLES-NICOLAS)

(DEUX PENDANTS)

47 — Portraits de M. et Mme Bailleul.

Mine de plomb et sanguine.

Signés et datés 1760-1763.

Médaillons de forme ronde.

Diam., 10 cent.

COCHIN (CHARLES-NICOLAS)

48 — Cérès posant une couronne sur la tête de Voltaire.

Sanguine de forme ronde.

Diam., 12 cent.

DEBUCOURT

49 — Jeune fille poursuivant un papillon.

Estompe et crayon noir.

Haut., 27 cent.; larg., 21 cent.

DELLA BELLA

50 — Arrivée de l'ambassade polonaise.

Précieux dessin de la plus remarquable finesse.

Plume et sépia.

Vente J. Gigoux.

Haut., 14 cent.; larg., 24 cent.

DELLA BELLA

51 — Bataille au bord d'un cours d'eau qui se perd derrière de hautes montagnes.

Cavaliers s'attaquant, lancés au galop de leurs chevaux.

Deux spirituels dessins à la plume montés sur le même bristol.

Haut., 14 cent.; larg., 20 cent.

DE MARNE (JEAN-LOUIS)

52 — **Animaux au pâturage.**

Au centre, deux vaches, sur la gauche, un berger étendu sur le sol.

Très-beau dessin à l'encre de Chine, rehaussé de blanc.

Haut., 40 cent.; larg., 50 cent.

DE MARNE (JEAN-LOUIS)

53 — **Pâturage.**

Au centre, une vache, auprès, un berger assis vu de dos; au second plan, à droite, d'autres animaux; dans le fond à gauche, un moulin à vent sur les bords d'une rivière sillonnée par quelques bateaux à voiles.

Dessin très-soigné à l'encre de Chine.

Haut., 27 cent.; larg., 39 cent.

DE MARNE (JEAN-LOUIS)

54 — **Moulin au bord d'une grande route.**

Aquarelle.

Haut., 9 cent.; larg., 12 cent.

DIEPENBEECK (ABRAHAM VAN)

55 — L'Adoration des bergers.

Encre de Chine et sépia.

Signé.

Haut., 27 cent.; larg., 22 cent.

DIETRICH (C.-G.)

56 — Les Disciples d'Emmaüs.

Jésus-Christ bénissant le pain.
Plume et sépia.

Signé.

Collection Vertimber.

Haut., 14 cent.; larg., 22 cent.

DUPLESSIS BERTAUX

57 — Un officier du temps de Louis XIII.

Fin dessin à la plume.

Haut., 15 cent.; larg., 10 cent.

EISEN (CHARLES)

58 — Figures allégoriques, amours, attributs artistiques et guerriers.

Aux armes de France, du Dauphin et de la maison de Choiseul, portant l'inscription suivante :

Etat des troupes et des états-majors des places.

Huit charmantes aquarelles de la plus grande finesse pour les années : 1759. 1760, 1761, 1764, 1765, 1766, 1768, 1769.

Haut., 12 cent.; larg., 8 cent.

EISEN (CHARLES)

59 — Billet de bal pour le mariage du Dauphin, père de Louis XVI.

Les fiancés sont représentés soutenus par des amours; au-dessus le rois Louis XV dans un médaillon entouré de feuilles de chêne se détachant sur un soleil; à droite et à gauche des palmiers que de petits amours entourent de guirlandes de fleurs. Charmant dessin à l'encre de Chine.

Signé.

Haut., 18 cent.; larg., 25 cent.

EISEN (CHARLES)

60 — Figures allégoriques auprès de la pyramide funéraire du roi Louis XV.

Dessin à la mine de plomb d'une extrême finesse.

Haut., 19 cent.; larg., 15 cent.

FRAGONARD (HONORÉ)

61 — Portrait de l'artiste.

En buste, de grandeur naturelle, la figure de trois quarts tournée vers la gauche.
Estompe et sanguine.
Rehaussé de blanc sur papier teinté.
Dessin des plus curieux, d'une finesse d'exécution remarquable.

On lit au dos : A son ami M. Hoin.

Haut., 38 cent.; larg., 33 cent.

FRAGONARD (HONORÉ)

62 — L'Offrande à l'Amour.

Dans un parc, une jeune femme élégamment vêtue tient une couronne de roses qu'elle va placer sur la tête d'une statue de l'amour ; à droite, un chien poursuit une colombe qui s'envole, effrayée.

Charmante aquarelle d'un ton opalin doux et harmonieux.

Fragonard a fait un nombre infini de dessins à la sépia, mais les aquarelles sont introuvables.

Haut., 29 cent.; larg., 22 cent.

FRAGONARD (HONORÉ)

63 — Paysage.

Au centre une fontaine, une nappe d'eau coule dans un bassin où des femmes lavent du linge; au premier plan, un chemin tournant vers la droite conduisant à un massif de grands arbres.

Très-beau dessin à la sépia.

Haut., 35 cent.; larg., 46 cent.

FRAGONARD (HONORÉ)

64 — Guerrier combattant des monstres.

Scène tirée probablement de la *Jérusalem délivrée*.

Vigoureux dessin à la sépia.

Haut., 33 cent.; larg., 46 cent.

FRAGONARD (HONORÉ)

65 — Saint Jérôme.

Un ange lui apparaît, il écoute la trompette du jugement dernier.

Sépia.

Haut., 25 cent.; larg., 38 cent.

FRAGONARD (HONORÉ)

66 — Parc avec grand escolier et statues.

Sanguine.

Haut., 25 cent.; larg., 33 cent.

FRAGONARD (HONORÉ)

67 — Parc avec fontaines, escaliers et bosquets.

Sanguine de la plus grande finesse.

Haut., 23 cent.; larg., 27 cent.

FRAGONARD (HONORÉ)

68 — Villa italienne.

Aquarelle.

Haut., 19 cent.; larg., 25 cent.

FRAGONARD (HONORÉ)

69 — Villa italienne avec fontaines et terrasses.

Joli dessin à la pierre d'Italie.

Haut., 33 cent.; larg., 25 cent.

FRAGONARD (HONORÉ)

70 — L'Adoration des bergers.

Sanguine de forme cintrée.

Vente J. Gigoux.

Haut., 17 cent.; larg., 29 cent.

FRAGONARD (HONORÉ)

71 — Un homme et une femme vus à mi-corps dans un paysage.

Plume et sépia.

Haut., 15 cent.; larg., 24 cent.

FRAGONARD (HONORÉ)

72 — Chaumière au bas d'un coteau.

Sépia forme ronde.

Diam., 15 cent.

FRAGONARD (HONORÉ)

73 — Une jeune musicienne.

Estompe et crayon noir.

Haut., 44 cent.; larg., 34 cent.

FRAGONARD (HONORÉ)

74 — Etude académique.

Sépia.

GAAL (BAREN)

75 — Cavaliers au bord d'une rivière.

Sépia signée.

Haut., 12 cent.; larg., 15 cen.

GELLÉE (CLAUDE dit LE LORRAIN)

76 — **Marine.**

Au premier plan, des pêcheurs dans un bateau.

Très-beau dessin à la sépia provenant des collections Esdailles, Thomas, Laurence, J. Gigoux et prince Soutzo.

Haut., 13 cent.; larg. 21 cent.

GÉRICAULT (THÉODORE)

77 — **Le Coup de l'étrier.**

Beau dessin à la mine de plomb.

Collection du prince Soutzo.

Haut., 41 cent.; larg., 33 cent.

GÉRICAULT (TH.)

78 — **Chevaux à l'écurie.**

Aquarelle.

Haut., 20 cent.; larg., 24 cent.

GÉRICAULT (TH.)

79 — Portrait de petite fille.

Vue à mi-corps et appuyée sur une table.

Plume et sépia.

Haut., 13 cent.; larg., 10 cent.

GÉRICAULT (TH.)

80 — Portrait de petite fille vue à mi-corps.

Plume et sépia.

Haut., 13 cent.; larg., 11 cent.

GÉRICAULT (TH.)

81 — Jeune femme debout appuyée sur un fût de colonne, près d'elle un Amour tient un arc.

Le trait à la plume ombré à la sépia sur papier teinté en rouge.

Haut., 17 cent.; larg., 12 cent.

GÉRICAULT (TH.)

82 — Le rêve.

Un guerrier tourmenté pendant son sommeil par des apparitions.

Aquarelle.

Haut., 13 cent.; larg., 21 cent.

GÉRICAULT (TH.)

83 — Lion et serpent.

Dessin à la plume.

Haut., 14 cent.; larg., 17 cent.

GÉRICAULT (TH.)

84 — Hercule domptant le taureau furieux qui désolait la Crète.

Aquarelle.

Haut., 17 cent.; larg., 12 cent.

GÉRICAULT (TH.)

85 — Le Christ chassant les vendeurs du temple.

Dessin à la plume.

Haut., 12 cent ; larg., 16 cent.

GÉRICAULT (TH.)

86 — Cavaliers combattant et soldats montant à l'assaut.

Deux dessins à la sépia rehaussés de blanc.

Haut., 11 cent.; larg., 17 cent.

GRANET (FRANÇOIS-MARIUS)

87 — Vue prise dans le parc de Versailles.

Belle aquarelle.

Collection du prince Soutzo.

Haut., 16 cent.; larg., 25 cent.

GRANET (F.-M.)

88 — Vue de la tour de Néron et du couvent de Saint-Dominique, à Rome.

Vue du couvent de Saint-François à Fuligno.

Deux dessins à la sépia.

Haut., 12 cent.; larg., 17 cent.

GRAVELOT (HUBERT)

89 — Les joueurs de dés.

Dans l'intérieur d'un élégant salon du temps de Louis XV, plusieurs personnages sont assis et jouent; l'un d'eux verse sur la table le contenu de son verre, croyant y jeter les dés. Plus loin une soubrette tient une pantoufle et la présente par distraction.

Charmant petit dessin à la plume d'une extrême finesse pour le *Distrait* de la Bruyère.

Haut., 7 cent.; larg., 13 cent.

GRAVELOT (HUBERT)

90 — L'Ignorance détruisant le travail de l'esprit.

Composition allégorique.

Le trait à la plume ombré à l'encre de Chine.

Vente J. Gigoux.

Haut., 22 cent.; larg., 28 cent.

GRAVELOT (HUBERT).

91 — Figures allégoriques : La Justice, la Foi, l'Espérance et le Désespoir.

Quatre dessins à l'encre de Chine.

Haut., 8 cent.; larg., 5 cent.

GREUZE (J.-B.).

92 — Vieillard assis.

Très-belle étude à la sanguine.
Vente J. Gigoux.

Haut., 41 cent.; larg., 48 cent.

GREUZE (J.-B.).

93 — Femme nue assise.

Sanguine.

Haut., 32 cent.; larg., 41 cent.

GREUZE (JEAN-BAPTISTE).

94 — Etude de chien.

Le trait à la plume, ombré à l'encre de Chine.

Haut., 28 cent.; larg., 43 cent.

GUARDI (FRANCESCO).

95 — Place publique avec personnages et riches habitations au second plan.

Beau dessin à la sépia.
Ventes Desperet et Étienne Arago.

Haut., 30 cent.; larg., 46 cent.

GUARDI (FRANCESCO).

96 — Le Bucentaure.

De nombreux personnages assistent sur le quai à la cérémonie des fiançailles du doge avec l'Adriatique.

Spirituel dessin à la plume.

Haut., 12 cent.; larg., 22 cent.

GUARDI (FRANCESCO).

97 — Paysage avec tour, monuments en ruines et personnages au bord d'une rivière.

Plume et sépia.

Haut., 24 cent.; larg., 35 cent.

GUARDI (FRANCESCO).

98 — Monuments en ruines et personnages au bord de la mer.

Plume et sépia.

Haut., 36 cent.; larg., 24 cent.

GUERCHIN (BARBIERI-JEAN-FRANÇOIS dit le).

99 — Portrait d'un officier supérieur.

Debout, il tient d'une main son épée et de l'autre le bâton du commandement.

Beau dessin à la plume.

Vente J. Gigoux.

Haut., 21 cent.; larg., 14 cent.

HILAIRE.

100 — Personnage oriental.

Aquarelle signée et datée 1777.

Haut., 20 cent.; larg., 13 cent.

HOOGE (ROMAIN DE)

101 — La Réception des ambassadeurs hollandais au Japon.

Curieux dessin, plume et encre de Chine.

Vente J. Gigoux.

Haut., 27 cent.; larg., 38 cent.

HOUEL (J.)

(DEUX PENDANTS.)

102 — Paysages accidentés et villageois avec leurs chevaux, faisant halte sur un chemin.

Fines et spirituelles aquarelles signées.

Haut., 12 cent.; larg., 19 cent.

HUBERT-ROBERT

103 — Vue des ruines de l'Hôtel-Dieu après l'incendie de 1772.

A droite s'élève le clocher de la chapelle.
On lit dans le bas, de la main de l'artiste :
Dessiné dans les ruines de l'Hôtel-Dieu de Paris, huit jours après l'incendie arrivé à la fin de 1772. — H. Robert del.
Belle aquarelle.

Haut., 35 cent.; larg., 24 cent.

HUBERT-ROBERT

104 — Vue des ruines de la salle du Légat après l'incendie de l'Hôtel-Dieu en 1772.

Au centre, des personnages groupés pendant

que d'autres visitent le bâtiment incendié; dans le fond, on aperçoit les tours Notre-Dame.

On lit dans le bas, de la main de l'artiste :

Vue de la salle du légat, dessinée d'après nature quinze jours après l'incendie de l'Hôtel-Dieu de Paris, arrivé à la fin de 1772.

Très-belle aquarelle de la plus grande finesse.

Signée en toutes lettres.

Haut., 33 cent.; larg., 23 cent.

HUBERT-ROBERT

105 — Monuments en ruines.

Au centre, un puits entre deux colonnes où des femmes et des enfants viennent prendre de l'eau.

Belle aquarelle.

Haut., 34 cent.; larg., 21 cent.

HUBERT-ROBERT

106 — Paysage agreste.

Un homme assis, ayant son chien près de lui, se repose au pied d'un arbre courbé par le vent; à droite, dans le fond, on aperçoit les murs d'un monastère au sommet d'une montagne.

Très-belle aquarelle signée et datée 1780.

Haut., 22 cent.; larg., 32 cent.

HUBERT-ROBERT

107 — Monument en ruines.

Deux femmes se reposent au pied d'un temple dont les colonnes supportent encore la corniche en partie brisée ; au centre, deux personnages regardent une statue élevée sur un piédestal.

Aquarelle signée.

Haut., 33 cent.; larg., 23 cent.

HUBERT-ROBERT

108 — Intérieur de ferme.

Au premier plan, des femmes font la lessive; au-dessus, des hommes montent du fourrage dans un grenier.

Sanguine.

Haut., 29 cent.; larg., 21 cent.

HUBERT-ROBERT

109 — Arc-de-triomphe.

Sur le devant une cour, une femme va prendre de l'eau à un puits.

Sanguine.

Haut., 26 cent.; larg., 36 cent.

HUBERT-ROBERT

110 — Un artiste dessinant.

Sanguine.

Haut., 40 cent.; larg., 27 cent.

HUBERT-ROBERT

111 — Procession sous une colonnade à Rome.

Signé et daté 1776.

A la pierre d'Italie.

Haut., 45 cent.; larg., 35 cent.

HUBERT-ROBERT

112 — Vue intérieure d'une partie du Vatican avec nombreux personnages.

Sanguine.

Haut., 44 cent.; larg., 34 cent.

HUET (J. BAPTISTE)

113 — Les Petites paysannes.

Crayon noir rehaussé de blanc sur papier gris. Signé et daté 1790.

Haut., 25 cent.; larg., 19 cent.

HUET (J. B.)

(DEUX PENDANTS)

114 — Moutons au repos.

Aquarelles gouachées de la plus remarquable finesse.

Signées J.-B. HUET, 1773.

Haut., 10 cent.; larg., 12 cent.

HUET (J. B.)

115 — Têtes d'anges, enfants tenant un chat et tête de chien-berger.

Pierre noire et sanguine.

Haut., 24 cent.; larg., 18 cent.

JULES ROMAIN (Attribué à Julio Pippi dit)

116 — La Circoncision.

Encre de Chine rehaussée de blanc sur papier gris.

Haut., 38 cent.; larg., 23 cent.

KOBELL (Jean)

117 — Vaches à l'abreuvoir.

Plume et encre de Chine.

Haut., 17 cent.; larg., 20 cent

LAFAGE

118 — Guerriers combattant.

Beau dessin à la plume signé.

Haut., 22 cent.; larg., 26 cent.

LAGNEAU

119 — Portrait d'homme, en buste, figure de profil.

A la pierre noire et à l'aquarelle.

Vente Desperet et J. Gigoux, n° 95.

Haut., 17 cent.; larg., 11 cent

LAGRENÉE (J. F. LOUIS)

120 — Jeune femme désarmant l'Amour endormi.

Dessin à la sanguine d'une extrême finesse.

Haut., 42 cent.; larg., 29 cent.

LANTARA (SIMON-MATHURIN)

121 — L'Orage.

Une rivière coule au pied de grands rochers surmontés de constructions avec tours et créneaux.

Beau dessin de l'artiste à la pierre d'Italie, sur papier gris rehaussé de blanc.

Haut., 28 cent.; larg., 33 cent.

LAVREINCE (N.)

122 — Scène d'intérieur.

Gouache.

Haut., 29 cent.; larg., 23 cent.

LE BARBIER

123 — Louis XVI et Marie-Antoinette. (Composition allégorique.)

Le Roi et la Reine, assis sur un trône placé sur les degrés d'un temple, ont près d'eux la Force et la Justice; la France, tenant un bouclier, leur présente ses nombreux sujets; gens du peuple, prélats et gentilshommes s'approchent du Roi et de la Reine tenant un drapeau sur lequel est écrit : Concorde, Fidélité et Amour. Le commerce, les sciences et les arts sont figurés par des génies.

Le trait à la plume ombré à la sépia.

Ce dessin important porte la signature de J.-M. Moreau le jeune.

Haut., 37 cent.; larg., 50 cent.

LE NOIR

124 — Portrait de femme.

Les cheveux blonds légèrement poudrés, elle est couverte d'une mantille en soie bleue, garnie de fourrure.

Beau pastel signé Le Noir pinxit, 1771.

Haut., 57 cent.; larg., 48 cent.

LEPICIÉ (BERNARD)

125 — Ecoliers jouant aux billes.

Belle aquarelle signée.

Haut., 25 cent.; larg., 20 cent.

LÉPICIÉ (BERNARD)

(DEUX PENDANTS)

126 — Villageois vus en bustes et coiffés de chapeaux à larges bords.

Sanguine et crayon noir. Forme ronde.

Signés.

Diam., 12 cent.

LE PRINCE (J.-B.)

127 — Cour de ferme.

Des vaches boivent dans une auge se trouvant auprès d'un puits ; à gauche, une femme cause avec un enfant.

Joli dessin à la sépia.

Signé et daté.

Haut., 21 cent.; larg., 28 cent.

LE PRINCE (J.-B.)

128 — Château et constructions en ruines.

Deux charmants petits dessins dans le même cadre.

Sépia.

Haut., 10 cent.; larg., 17 cent.

LE PRINCE (J.-B.)

129 — Rue de village avec figures et animaux.

Sépia signée et datée 1756.

Haut., 17 cent.; larg., 13 cent.

LINGELBACH (JEAN)

(DEUX PENDANTS)

130 — Ports de mer.

Dans l'un, un personnage oriental sortant de son palais ; dans le second, le même personnage rendant un salut au gentilhomme.

Les deux à l'encre de Chine, signés du monogramme.

Haut., 14 cent.; larg., 19 cent.

MALLET (JEAN-BAPTISTE)

131 — Deux jeunes femmes et un jeune garçon dans un intérieur.

Gouache.

Haut., 28 cent., larg., 21 cent.

MALLET (JEAN-BAPTISTE)

132 — La Lecture dans le parc.

Belle gouache.

Haut., 29 cent.; larg., 23 cent.

MARILLIER

133 — Apollon sous un bosquet de treillage.

Pour illustrer la philosophie de Dorat à la suite des *Lettres d'une chanoinesse.*

Encre de Chine.

Haut., 14 cent.; larg., 9 cent.

MEULEN (PIERRE VAN DER)

134 — Bataille auprès d'une forteresse.

Un cavalier démonté gît étendu sur le sol, son cheval effrayé se jette au milieu des combattants.

Beau dessin, le trait à la plume, ombré à l'encre de Chine.

Haut., 24 cent.; larg., 32 cent.

MICHEL (GEORGES)

135 — Chemin avec grands arbes au pied d'un monticule couvert par un champ de blé.

Au verso : une autre belle aquarelle du même artiste.

Haut., 18 cent.; larg., 30 cent.

MICHEL (GEORGES)

136 — La Plaine Saint-Denis.

Sur le premier plan, un monticule où se trouve un cavalier demandant son chemin à des bûcherons; dans le fond, on aperçoit la basilique et les maisons du village.

Belle aquarelle.

Haut., 21 cent.; larg., 31 cent.

MICHEL (GEORGES)

137 — Villageois et leurs chevaux sous l'arche d'un pont.

Aquarelle.

Haut., 15 cent.; larg., 22 cent.

MIEL (JEAN)

138 — Cavaliers suivis de leurs chiens.

Plume et encre de Chine.

Haut., 27 cent.; larg., 41 cent.

MOREAU (JEAN-MARIE le jeune)

139 — Louis IX rendant la justice.

Le souverain est assis au pied du chêne légendaire, entouré de ses gardes et des seigneurs de sa cour ; à droite, des gens du peuple s'approchent du roi pour lui expliquer leurs griefs. On aperçoit dans le fond le château de Vincennes.

Ce dessin a été fait comme en-tête pour l'histoire de la maison de Bourbon.

Encre de Chine.

Haut., 7 cent.; larg., 11 cent.

MOREAU (JEAN-MARIE le jeune)

140 — Une scène de Mithridate.

Placée au-dessous d'un portrait de mademoiselle de Raucourt.

Gravé par Le Beau.

Charmant petit dessin de la plus remarquable finesse.

Sépia.

Haut., 5 cent.; larg., 8 cent.

MOREAU (JEAN-MARIE le jeune)

141 — Allégorie.

Un fleuve, une source; au second plan, Cérès pose une couronne sur la tête d'un petit génie; dans le fond, Neptune.

Beau dessin fait pour la Compagnie du dessèchement des marais de Bourgoin.

Gravé par DELAUNAY.

Sépia.

Haut., 9 cent.; larg., 17 cent.

MOREAU (JEAN-MARIE le jeune)

142 — Intérieur de famille.

Une servante présente un enfant à sa mère; le père, debout, le regarde; à droite, une jeune femme assise auprès d'une toilette.

Sépia.

Haut., 21 cent.; larg., 19 cent.

MOREAU (LOUIS)

143 — La Rivière.

Au premier plan, des pêcheurs étendent leurs filets; au second plan, sur la rive opposée, une construction avec tourelle et un moulin auprès de grands arbres ; à droite, des coteaux.

Charmante gouache de la plus grande finesse.

Signé du monogramme.

Haut., 20 cent.; larg., 31 cent.

MOREAU (LOUIS)

144 — Arbres et rochers au bord d'une rivière.

Gouache signée en toutes lettres.

Haut., 10 cent.; larg., 15 cent.

MOREAU (LOUIS)

145 — Cabane couverte de chaume, à l'entrée d'un bois.

Spirituelle gouache signée en toutes lettres.

Haut., 13 cent.; larg., 19 cent.

MOREAU (LOUIS)

146 — Le Petit pont de bois.

Gouache signée en toutes lettres.

Haut., 10 cent.; larg., 15 cent.

MOREAU (LOUIS)

147 — Rochers et cabanes au bord d'un cours d'eau.

Gouache signée en toutes lettres.

Haut., 11 cent.; larg., 16 cent.

MOREAU (LOUIS)

148 — Chaumière à l'entrée d'un bois.

Très-jolie gouache signée en toutes lettres.

Haut., 11 cent.; larg., 14 cent.

MOREAU (LOUIS)

149 — Maison de villageois entourée de murs.

Gouache signée en toutes lettres.

Haut., 10 cent.; larg., 13 cent.

MOREAU (LOUIS)

150 — Paysage.

Au centre, une maison au bord d'une rivière traversée par un pont de bois; à gauche, trois personnages causant au bord d'un chemin.

Aquarelle signée du monogramme.

Haut., 22 cent.; larg., 33 cent.

MOREAU (LOUIS)

151 — Paysage.

A droite, une rivière et des pêcheurs dans leurs bateaux; au second plan, une église et quelques maisons entourées d'arbres; à gauche, un chemin et deux personnages.

Aquarelle signée du monogramme.

Haut., 22 cent.; larg., 33 cent.

MOREAU (LOUIS)

152 — Paysage.

Au centre, un château avec tourelles en ruines et personnages.

Aquarelle.

Haut., 21 cent.; larg., 35 cent.

MOREAU (LOUIS)

153 — Paysage.

Une rivière coule au pied de hautes montagnes; des bateaux marchands sont amarrés au premier plan.

Aquarelle.

Haut., 21 cent.; larg., 38 cent.

MOREAU (Louis)

154 — Villa avec cours d'eau, terrasses et constructions en ruines.

Gouache.

Haut., 22 cent.; larg., 29 cent.

MURILLO (attribué à Barthélemy Esteban)

155 — Madeleine en prière.

Encre de Chine rehaussée de blanc.

Haut., 16 cent.; larg., 16 cent.

MURILLO (attribué à Barthélemy Esteban)

156 — Un évêque en prière.

Sépia rehaussée de blanc.

Collection Pourtalès Gorgier.

Haut., 24 cent.; larg., 14 cent.

NATTIER (J.-M.)

157 — Portrait d'un magistrat.

Beau pastel.

Signé et daté 1748

Haut., 58 cent.; larg., 48 cent.

NEEFS (PETER).

158 — Intérieur d'église.

Plume et encre de Chine.

Haut., 24 cent.; larg., 9 cent.

NICOLE (J.-V.)

159 — Vue de l'ancien port de Ripa-Grande ou grande rive et du pont des Sénateurs, situé sur le Tibre à Rome.

Aquarelle signée.

Haut., 20 cent.; larg., 31 cent.

NICOLE (J.-V.)

160 — Vue d'une partie du Colisée et des restes des Thermes de Titus, à Rome.

Aquarelle signée.

Haut., 16 cent.; larg., 24 cent.

NICOLE (J.-V.)

161 — Vue de l'église de Saint-Grégoire au Mont-Celius, prise près de l'arc de Constantin, à Rome.

Aquarelle signée.

Haut., 6 cent.; larg., 9 cent.

NICOLE (J.-V.).

162 — Vue de la petite église de Saint-André à via Flaminia, bâtie par Vignole, à Rome.

Aquarelle.

Haut., 6 cent.; larg., 9 cent.

NICOLE (J.-V.)

(DEUX PENDANTS)

163 — Vue de la ville de Noli, située sur le rivage de la mer au pied des Alpes-Maritimes.

Vue de la pointe de Sainte-Lucie, prise au-dessus du faubourg de Chiaia, à Naples.

Aquarelles de forme ronde.

Diam., 7 cent.

NICOLE (J.-V.)

(DEUX PENDANTS)

164 — Vue des arcs de Janus et des Orfévres, situés près de l'église Saint-Georges in Valabro, à Rome.

Vue de l'amphithéâtre de Caftreuse, situé près Sainte-Croix de Jérusalem, à Rome.

Aquarelles de forme ronde.

Diam., 7 cent.

NICOLE (J.-V.)

165 — Vue du Tibre prise du pont Saint-Ange, à Rome.

Vue du mausolée de C. Métella, detto capo di Bove, situé sur la voie Appienne, à Rome.

Aquarelles de forme ronde.

Diam., 7 cent.

NICOLE (J.-V.)

166 — Vue du pont et château Saint-Ange, anciennement le mausolée d'Adrien, situé sur le Tibre, à Rome,

Aquarelle.

Haut., 6 cent.; larg., 9 cent.

NILSON (GIOVANNI-ESAÏA)

167 — Six dessins représentant des scènes d'un opéra joué en 1746 et 1747.

Le premier représente la scène le rideau baissé, deux acteurs passant la tête par un trou du rideau et regardant les spectateurs; sur le devant, une femme debout et un soldat occupé à allumer les feux de la rampe, pendant qu'à droite, un homme se retire une bougie à la main.

Dans le bas un écusson portant les dates 1746 et 1747 ; à droite et à gauche l'inscription, suivante :

OPERA ITALIANE RAPRESENTATE IN AUGUSTA DISEGNATI DA GIOVIANNI ESAIA NILSON PITTORE.

Le second dessin, le prologue :

Thalie et Apollon; ils sont dans un parc, on aperçoit dans le fond un superbe palais.

Le troisième, quatre personnages dans un parc, Attalo, Arsinoé, Laodicea et Nicomède.

Le quatrième, comme intermède, la Servante maîtresse.

Le cinquième, le Ballet du pasteur.

Le sixième, le Ballet du Croate.

Beaux et spirituels dessins d'un artiste que l'on rencontre rarement.

Plume et encre de Chine.

Collection Et. Arago.

Hauteur de chacun 22 cent.
Largeur 36 cent.

NOEL

(DEUX PENDANTS)

168 — Paysages, marines.

Au premier plan, des pêcheurs, vers le fond, des navires à voiles en pleine mer; sur les bords, de riches habitations avec terrasses et pavillons.

Aquarelles gouachées.

Haut., 23 cent.; larg., 32 cent.

OUDRY (J.-B.)

169 — Vue prise dans le parc d'Arcueil.

Au premier plan, plusieurs personnages se reposent au pied d'un escalier.

Dessin et aquarelle.

Haut., 23 cent.; larg., 32 cent.

PARMESAN (MAZZUOLI dit le)

170 — Figures et animaux fantastiques.

Très-beau dessin à la plume, signé.

Haut., 12 cent.; larg., 20 cent.

PARMESAN (MAZZUOLI dit le)

171 — Mucius Scævola.

Le maître a encadré son dessin par de beaux ornements.

Sépia rehaussée d'or.

Haut., 16 cent.; larg., 13 cent.

PATER (J.-B.)

172 — Chasseur debout tenant son fusil.

Sanguine.

Haut., 24 cent., larg., 16 cent.

PATER (J.-B.)

173 — Bergers et leurs troupeaux au repos; au second plan, un village au bord d'une rivière.

Sanguine.

Haut., 19 cent.; larg., 26 cent.

PERINO DEL VAGA

174 — Figures dans un intérieur.

Dessin octogone avec chimères dans les angles.
Chimère et ornements.

Deux beaux dessins, plume et encre de Chine, rehaussé de blanc.

Premier, haut., 12 cent.; larg., 13 cent.
Deuxième haut., 10 cent.; larg., 12 cent.

PERINO DEL VAGA

175 — Faunesse, satyre et amour.

Modèle pour une fontaine.
Plume et sépia.

Vente J. Gigoux.

Haut., 20 cent.; larg., 14 cent.

PERINO DEL VAGA

176 — Les dieux de l'Olympe.

Beau et important dessin, le trait à la plume, ombré à la sépia sur papier gris altéré par place.

Haut., 17 cent.; larg., 40 cent.

POLLAIOLO

177 — Jésus debout et un personnage à mi-corps.

Au verso :

La Vierge agenouillée, saint Jean, et au-dessus dans le sens inverse, un cerf.

Très-curieux dessin à la plume et sépia, signé.

Haut., 27 cent.; larg., 17 cent.

POELENBURG (CORNEILLE)

178 — L'Ange et Tobie.

Sanguine.

Haut., 16 cent.; larg. 23 cent.

PROUT (SAMUEL)

179 — Vue prise aux environs de Londres.

A droite, des pêcheurs s'occupent à réparer un bateau marchand.
Sépia.

Collection J. Gigoux.

Haut., 22 cent.; larg., 30 cent.

PRUD'HON (PIERRE)

180 — La Victoire.

La tête couronnée de lauriers, elle est ailée, en pied, debout; une main tient une couronne, l'autre une palme.

Beau dessin au crayon noir rehaussé de blanc sur papier gris.

Vente Camille Marcille, n° 131, cité dans le catalogue raisonné de l'œuvre de P. P. Prud'hon, par M. Edmond de Goncourt.

Haut., 35 cent.; larg., 24 cent.

PRUD'HON (PIERRE)

181 — Le Pont de Charenton.

Au premier plan des femmes lavent du linge auprès de deux canots amarrés.

Beau et intéressant dessin du maître, rehaussé de blanc sur papier bleu.

Haut., 42 cent.; larg., 25 cent.

PUJOS

182 — Portrait de J.-A. Martin.

Dessin à la pierre d'Italie.
Signé et daté 1772.

Haut., 18 cent.; larg., 12 cent.

RAPHAEL (École de)

183 — Sujet biblique.

Dessin de forme cintrée.

Encre de Chine rehaussée de blanc sur papier gris. Vente J. Gigoux.

Haut., 12 cent.; larg., 29 cent.

RAPHAEL (École de)

184 — Le Créateur.

Sépia.

Haut., 25 cent.; larg., 15 cent.

RIGAUD (Hyacinthe)

185 — Portrait de femme.

Richement vêtue, elle est assise et a auprès d'elle un vase rempli de fleurs.

Dessin au crayon noir, rehaussé de blanc, sur papier bleu.

Haut., 37 cent.; larg., 29 cent.

ROSLIN (MARIE-SUZANNE GIROUST, Mme)

186 — Un buste de jeune femme (plâtre), une flûte, un cahier de musique, le tout dans une niche, posé sur une étoffe de soie rosée.

Très-beau pastel.

Haut., 65 cent.; larg., 53 cent.

RUBENS (P.-P.)

187 — Deux Orientaux.

Plume.

Haut., 29 cent.; larg., 20 cent.

St-AUBIN (GABRIEL)

188 — Composition allégorique.

Le roi Louis XVI, accompagné de Monsieur et du comte d'Artois, ainsi que de la Justice et de la Clémence, reçoit les remercîments de tout son royaume par l'organe du génie et de la reconnaissance ; celle-ci est caractérisée par le rameau de fèves, la corbeille de cœurs et le lion d'Androclès (etc).

Cette inscription, écrite par l'artiste, se trouve au verso.

Très-belle aquarelle.

Signé G. DE SAINT-AUBIN.

Vente après décès du marquis de Fourquevault.

Haut., 21 cent.; larg., 18 cent.

St-AUBIN (GABRIEL)

189 — Le Salon de 1787.

Au centre, des jeunes femmes arrêtées devant une statue de l'Amour; sur la gauche, deux moines admirent le buste en marbre du roi Louis XVI.

Belle aquarelle.

Haut., 14 cent.; larg., 17 cent.

St-AUBIN (GABRIEL)

190 — Une perquisition judiciaire.

Plume et encre de Chine.

Haut., 23 cent.; larg., 19 cent.

St-AUBIN (GABRIEL)

191 — Le Réveil.

Aquarelle.

Haut., 18 cent., larg., 15 cent.

St-AUBIN (GABRIEL)

192 — La Signature du contrat.

Belle aquarelle gouachée.

Projet pour un trumeau.

Haut., 34 cent.; larg., 55 cent.

St-AUBIN (GABRIEL)

193 — La Leçon.

Une jeune femme assise dessine d'après une statue; son maître, placé derrière elle, tient à la main sa palette et lui montre les corrections qu'elle doit faire.

A la pierre noire.

Haut., 22 cent.; larg., 15 cent.

St-AUBIN (GABRIEL)

194 — Plusieurs personnages dans un parc; les uns, assis, sont occupés à lire pendant que d'autres causent étendus sur l'herbe.

A la pierre noire avec léger lavis à l'aquarelle.

Avec croquis au verso.

Haut., 17 cent.; larg., 11 cent

St-AUBIN (GABRIEL)

195 — Pastorale.

Sanguine, sépia et pierre noire.

Haut., 11 cent.; larg., 17 cent.

St-AUBIN (AUGUSTE)

196 — Une Danseuse.

A la pierre d'Italie et à la sanguine.

Haut., 22 cent.; larg., 18 cent.

SPÆNDONCK (G. VAN)

197 — Roses et autres fleurs dans une corbeille et nid d'oiseaux, le tout posé sur une console de marbre.

Aquarelle signée.

Haut., 48 cent.; larg., 36 cent.

STRY (JEAN VAN)

198 — Enfants sur la porte d'une maison hollandaise vivement éclairée par le soleil; au se-

cond plan, un canal et des hommes montés sur un bateau.

Joli dessin signé en toutes lettres, et daté 1813. Sépia.

Haut., 20 cent.; larg., 15 cent.

SWEBACH (DES FONTAINES)

(DEUX PENDANTS)

199 — Le Siége de deux villes de Flandre.

Deux dessins à l'encre de Chine de la plus grande finesse.

Haut., 20 cent.; larg., 25 cent.

SWEBACH (DES FONTAINES)

200 — Soldats buvant assis autour d'une table.

Encre de Chine rehaussée de blanc.

Haut., 21 cent.; larg., 28 cent.

SWEBACH (ÉDOUARD)

201 — Chevaux de courses.

Aquarelle signée.

Haut., 11 cent.; larg., 16 cent.

TIEPOLO (DOMINIQUE)

202 — Jésus-Christ ressuscitant le fils de la veuve de Naïm.

Très-beau dessin à la sépia.
Vente J. Gigoux.

Haut., 46 cent.; larg., 35 cent.

TIEPOLO (DOMINIQUE)

203 — La Promenade.

Sépia signée.

Haut., 28 cent.; larg., 31 cent.

TIEPOLO (DOMINIQUE)

204 — Cavalier au bord d'une mare où des bestiaux viennent se désaltérer.

Sépia signée.

Haut., 28 cent.; larg., 41 cent.

TIEPOLO (DOMINIQUE)

(DEUX PENDANTS)

205 — Amours voltigeant.

Beaux dessins à la sépia, signés.

Haut., 18 cent.; larg., 25 cent.

TIEPOLO (DOMINIQUE)

(DEUX PENDANTS)

206 — Faunes et faunesses, satyres et centaures.

Sépia et encre de Chine. Signé.

Haut., 19 cent. larg., 27 cent.

TIEPOLO (DOMINIQUE)

207 — Jupiter.

Beau dessin plume et sépia, signé.

Haut., 28 cent.; larg., 17 cent.

TIEPOLO (DOMINIQUE)

208 — Hercule étouffant le géant Antée.

Encre de Chine. Signés.

Haut., 30 cent.; larg., 14 cent.

TIEPOLO (DOMINIQUE)

209 — Chameaux au repos dans un paysage.

Sépia. Signé.

Haut., 18 cent.; larg., 26 cent.

TIEPOLO (DOMINIQUE)

210 — Les Chiens savants

Encre de Chine signé.

Haut., 18 cent.; larg., 16 cent.

TIEPOLO (DOMINIQUE)

(DEUX PENDANTS)

211 — Chèvres, âne et bélier.

A la sépia. Signés.

Haut., 15 cent.; larg., 15 cent.

TIEPOLO (DOMINIQUE)

212 — Sous ce numéro, huit dessins.

Chevaux de selle, chevaux sauvages, femelle de sanglier avec ses petits, vaches au pâturage, etc.

Sépia. Signés.

TINTORET (JACOPO ROBUSTI, dit)

213 — La Mise au tombeau.

Sépia et encre de Chine rehaussé de blanc.

Haut., 23 cent.; larg., 16 cent.

Ce dessin porte les marques des collections Richard Houlditch, et Nils Barck.

TINTORET (JACOPO ROBUSTI, dit le)

214 — Saint Sébastien percé de flèches.

Plume et encre de Chine sur papier gris rehaussé de blanc.

Haut., 23 cent.; larg., 33 cent.

VALLAYER-COSTER (Mme)

(DEUX PENDANTS)

215 — Portrait de femme.

Portrait d'homme.

A la pierre d'Italie.

Médaillons de forme ronde.

Diam., 13 cent.

VAILLANT-WALLERANT

216 — Portrait d'homme.

Crayon noir rehaussé de blanc, signé Wallerant Vaillant *fecit* 1650.

Dessin cintré du haut.

Vente J. Gigoux.

Haut., 41 cent.; larg., 37 cent.

VAN BERGEN (DIRK)

217 — Bergers et animaux au bord d'un cours d'eau.

Beau dessin sépia et encre de Chine.

Haut., 21 cent.; larg., 29 cent

VAN DER MEER DE DELFT

218 — Paysage.

Au centre, des arbres et un chariot devant la porte d'une maison vivement éclairée par le soleil.

Encre de Chine et sépia.

Haut., 17 cent.; larg., 30 cent.

WATTEAU (ANTOINE)

219 — Deux personnages debout vus de dos, l'un donnant la main à une jeune femme.

Sanguine.

Vente Carrier.

Haut., 14 cent.; larg., 12 cent.

WILLE (P.-A.)

220 — Jeune paysanne vue jusqu'à la ceinture coiffée d'un bonnet, les yeux baissés.

Sanguine signée et datée 1783.

Haut., 24 cent.; larg., 19 cent.

WILLE (P.-A.)

221 — Tête d'enfant les cheveux frisés.

Beau dessin à la sanguine dans la manière de Greuze.

Signé P.-A. WILLE *filius del.* 1783.

Haut., 35 cent.; larg., 28 cent.

ÉCOLE FLAMANDE

222 — Satyre poursuivant un amour.

Sépia.

Vente J. Gigoux.

Haut., 12 cent.; larg., 13 cent.

ÉCOLE FRANÇAISE

223 — Quatre motifs d'ornements avec figures; au centre, dans un médaillon ovale, quatre sujets mythologiques sur fond rose.

Dessins à la plume ombrés à l'encre de Chine.

Hauteur de chacun, 38 cent.; larg., 8 cent.

ÉCOLE FRANÇAISE

224 — Jeune femme faisant réciter la leçon à sa petite fille.

Dessin de forme ovale à la pierre d'Italie.

Haut., 27 cent.; larg., 32 cent.

ÉCOLE FRANÇAISE

225 — Personnages se reposant dans un parc.

Aquarelle.

(Haut., 15 cent.; larg., 10 cent.

ÉCOLE FRANÇAISE

226 — Jeune femme assise.

Sanguine.

Haut., 33 cent.; larg., 27 cent.

ÉCOLE FRANÇAISE

227 — Jeune homme vu à mi-corps, un crayon à la main.

Crayon noir rehaussé de blanc.

Haut., 25 cent.; larg., 20 cent.

ÉCOLE ITALIENNE

228 — Amours et figures mythologiques.

Dessin décoratif, plume et sépia.

Haut., 34 cent.; larg., 31 cent.

ÉCOLE ITALIENNE

229 — Figures et ornements.

Grand et beau dessin décoratif, plume et sépia.

Haut., 32 cent.; larg., 40 cent.

230 — Sous ce numéro seront vendus les dessins non catalogués.

DESSINS MODERNES

DESSINS MODERNES

ALLONGE

231 — Cours d'eau sous bois.

Dessin au fusain.

Haut., 25 cent.; larg., 50 cent.

ALLONGÉ

232 — Paysage avec marais au premier plan.

Haut., 25 cent.; larg., 50 cent.

ALT (RODOLPHE)

233 — Un homme assis.

Belle aquarelle signée et datée 1843, ayant figuré à la grande Exposition de 1867.

Haut., 24 cent.; larg., 17 cent.

ANDRIEUX (H.)

234 — Un tambour dans une situation critique.

Aquarelle.

Haut., 14 cent.; larg., 10 cent.

ANDRIEUX (H.)

235 — Le Bal de la Chaumière.

Aquarelle signée.

Haut., 19 cent.; larg., 27 cent.

BARON (HENRI)

236 — Jeunes femmes assises dans un parc et causant.

Aquarelle signée.

Haut., 24 cent.; larg., 19 cent.

BARON (HENRI)

237 — Le Rendez-vous dans le parc.

Aquarelle signée.

Haut., 20 cent.; larg., 15 cent.

BEAUMONT (ÉDOUARD DE)

238 — Une Machine à faire le vide.

Dessin-aquarelle, signé.

Haut., 23 cent.; larg., 19 cent.

BEAUMONT (ÉDOUARD DE)

239 — Où vas-tu?

Je vais mettre une carte chez Rigolboche.

Dessin-aquarelle, signé.

Haut., 22 cent.; larg., 19 cent.

BERCHÈRE

240 — Vue prise en Orient.

Aquarelle signée.

Haut., 16 cent.; larg., 29 cent.

BONINGTON (RICHARD-PARKES)

241 — Vue prise à Windsor-Castle.

Au centre, un canal avec bateau marchand.
Aquarelle signée.
Collection du prince Soutzo.

Haut., 25 cent.; larg., 40 cent.

BOSBOOM

242 — L'Église Sainte-Anne, à Bruges.

Des mendiants demandent l'aumône à deux religieuses.

Aquarelle signée,

Haut., 20 cent.; larg., 13 cent.

BOUDIN

243 — Canal et bateaux marchands à Bruxelles.

Aquarelle signée.

Haut., 27 cent.; larg., 19 cent.

BRASCASSAT (R.)

244 — Arbres coupés.

Étude à la sépia rehaussée de blanc.

Haut., 15 cent.; larg., 23 cent.

CHARLET (N. T.)

245 — Le Cabaret du père Pasfosse.

Sépia signée.

Haut., 14 cent.; larg., 11 cent.

CHAVET (VICTOR)

246 — Personnage debout ayant la main gauche appuyée sur le dossier d'une chaise.

Encre de Chine.

Haut., 14 cent.; larg., 6 cent., 1/2.

CHAVET (VICTOR)

247 — Un gentilhomme.

Encre de Chine.

Haut., 15 cent.; larg., 10 cent.

DAUZATS (A.)

248 — La Porte de l'église Sainte-Cécile à Alby.

Dessin à la mine de plomb d'une remarquable finesse.

Vente après décès de l'artiste.

Haut., 40 cent.; larg., 28 cent.

DECAMPS (Alexandre-Joseph)

249 — Femme arabe pinçant de la mandoline.

Elle est assise, les jambes croisées sur une peau de tigre et a des coussins derrière elle; au premier plan, un bassin où brûlent des parfums.

Belle aquarelle signée en toutes lettres.

Haut., 29 cent.; larg., 23 cent.

DECAMPS (Alexandre-Joseph)

250 — Paysage. Vue prise en Orient.

Crayon noir et blanc.

Signé du monogramme.

Haut., 17 cent. larg., 34 cent.

DELACROIX (Eugène)

251 — Richelieu disant la messe à l'autel de sa chapelle au Palais-Cardinal.

Aquarelle pour le tableau lithographié par Jourdy et brûlé en 1848 dans l'incendie de la galerie du Palais-Royal.

Vente après décès de l'artiste.

Haut., 34 cent.; larg., 27 cent.

DELACROIX (EUGÈNE)

252 — Chevalier blessé.

Aquarelle signée.

Haut., 16 cent.; larg. 11 cent.

ELVEN (VAN)

253 — Ville de Hollande.

Aquarelle signée.

Haut., 23 cent.; larg., 32 cent.

ELVEN (VAN)

254 — Vue de Kew, ville d'Angleterre à dix kilomètres de Londres.

Aquarelle signée.

Haut., 15 cent.; larg., 23 cent.

ELVEN (VAN)

255 — Vue de Maquida. (Espagne)

Aquarelle signée.

Haut., 18 cent.; larg., 27 cent.

ENFANTIN

256 — Vue de Suisse.

Aquarelle signée.

Haut., 13 cent.; larg., 20 cent.

FORTUNY

257 — Vieillard portant une aiguière et un plat d'argent.

Aquarelle.

Vente après décès de l'artiste; n° 144.

Haut., 40 cent.; larg., 27 cent.

FORTUNY

258 — Vieux mendiant assis se versant à boire.

Dessin à la plume.

Vente après décès de l'artiste; n° 179.

Haut., 28 cent.; larg., 38 cent.

GAVARNI

259 — Naufrage de la princesse de Déryabar.

Dans les *Mille et une Nuits.*
Aquarelle signée.

Collection de M. Morizot.

Haut., 23 cent.; larg., 16 cent.

HAMMAN (ÉDOUARD)

260 — Sénateurs vénitiens discutant un projet de loi.

Aquarelle signée.

Haut., 13 cent.; larg., 19 cent.

HUAS

(DEUX PENDANTS)

261 — Deux écoliers; l'un jouant à la toupie et l'autre faisant des bulles de savon.

Sanguine.
Signé et daté 71.

Haut. 48 cent.; larg., 28 cent.

JACQUE (CHARLES)

262 — Deux brebis et leurs petits sous la garde d'une bergère.

Crayon noir rehaussé de blanc.

Beau dessin signé.

Haut., 20 cent.; larg., 15 cent.

JACQUE (CHARLES)

263 — Basse-cour.

Une petite paysanne jette du grain à des poules.

Crayon noir rehaussé de blanc.

Haut., 25 cent.; larg., 15 cent.

JACQUE (CHARLES).

264 — Chevaux conduits à l'abreuvoir.

Vigoureux dessin au crayon noir rehaussé de blanc.

Signé.

Haut., 27 cent.; larg., 12 cent.

JADIN (L. G.)

265 — Paysage avec villageois au repos.

Aquarelle.

Haut., 19 cent.; larg., 26 cent.

JOYANT (JULES-ROMAIN)

266 — Vue de Venise.

Belle aquarelle.

Haut., 25 cent.; larg., 34 cent.

LAMI (EUGÈNE)

267 — Les Courses.

Une multitude de spectateurs suivent les péripéties de la course; au premier plan, à droite, une élégante calèche, dans laquelle sont plusieurs jeunes femmes et quelques cavaliers, attelée de deux chevaux blancs mouchetés qu'un valet tient par la bride. Dans le fond, à gauche, on aperçoit les tribunes.

Aquarelle signée.

Haut., 17 cent.; larg., 34 cent.

LAMI (EUGÈNE)

268 — Une soirée.

A gauche, une jeune femme portant une élégante toilette blanche, est assise et cause avec un jeune homme placé auprès d'elle.

Aquarelle signée et datée.

Haut., 13 cent.; larg., 20 cent.

LAMI (EUGÈNE)

269 — Le Salon de Madame de M.

Parmi les personnages réunis dans le salon on distingue Paul Delaroche, Eugène Delacroix, Eugène Lami dessinant et assis devant une table : au second plan, le prince Anatole Demidoff et autres célébrités du temps.

Aquarelle signée.

Haut., 20 cent.; larg., 27 cent.

LAMI (EUGÈNE)

270 — Chevaux et cavalier se reposant auprès d'une ferme.

Aquarelle gouachée.

Haut., 16 cent.; larg., 22 cent.

LAMI (EUGÈNE)

271 — Les Coulisses de l'Opéra.

Aquarelle signée.

Haut., 14 cent.; larg., 26 cent.

LAMI (EUGÈNE)

272 — Le Baiser.

Aquarelle.

Haut., 15 cent.; larg. 27 cent.

LAMI (EUGÈNE)

273 — Aimable causerie.

Aquarelle.

Haut., 14 cent.; larg. 22 cent.

LEVY (ÉMILE)

274 — Deux jeunes filles, dont l'une tenant une lampe regarde sa compagne endormie.

Dessin aux trois crayons.
igné et daté 1863.

Haut., 33 cent.; larg., 43 cent

MEISSONIER (E.)

275 — Le Départ des volontaires

Mine de plomb et sépia.

Haut., 5 cent.; larg., 7 cent.

MILLET (J. F.)

276 — La Gardeuse d'oies.

Une paysanne tenant un bâton est assise auprès d'une mare, où un troupeau d'oies viennent prendre leurs ébats.

Très-beau dessin, crayon noir et pastel.

Signé J.-F. Millet.

Collection du prince Soutzo.

Haut., 35 cent.; larg., 51 cent.

NEWTON FIELDING

277 — Marine.

Un navire toutes voiles dehors navigue en pleine mer; à droite, trois pêcheurs dans un canot.

Aquarelle signée et datée 1832.

Haut., 22 cent.; larg., 31 cent.

NEWTON FIELDING

278 — Canards et bateau au bord d'une mare.

Belle aquarelle signée et datée 1830.

Haut., 19 cent.; larg., 27 cent.

NÜYEN

279 — Femme et son enfant portant un fagot.

Aquarelle gouachée signée.

Haut., 15 cent.; larg., 22 cent.

OUVRIÉ (JUSTIN)

280 — Vue de Briquebec, près Valognes (Manche).

Aquarelle signée et datée 1866.
Vente Justin Ouvrié, 1875.

Haut., 20 cent.; larg., 30 cent.

OUVRIÉ (JUSTIN)

281 — Vue de Berne.

Aquarelle signée et datée 1838.

Haut., 29 cent.; larg., 22 cent.

PIGAL (EDME JEAN)

282 — Le Barbier de village.

Jolie aquarelle signée en toutes lettres.

Collection Zarvady.

Haut., 23 cent.; larg., 18 cent.

PIGAL (EDME JEAN)

283 — L'Amateur de melons.

Très-belle aquarelle signée en toutes lettres.

Collection Zarvady.

Haut., 24 cent.; larg., 18 cent.

PILS (J.)

284 — La Distribution de vivres.

Aquarelle du tableau qui est au musée du Luxembourg.

Signée en toutes lettres.

Collection du prince Soutzo; n° 49 du Catalogue.

Haut., 23 cent.; larg., 19 cent.

RAFFET

285 — Karasou-Bazar. — Crimée, 1840.

Une dizaine de personnages assis forment cercle, fument et causent.

Belle aquarelle.

Collection Demidoff de San Donato.

Haut., 12 cent.; larg., 15 cent.

RIOU

286 — Intérieur de synagogue.

Aquarelle signée.

Haut., 9 cent.; larg., 11 cent.

ROUSSEAU (TH.)

287 — Sentier sinueux, forêt de Fontainebleau.

Encre de Chine.

Vente après décès de l'artiste.

Haut., 19 cent.; larg., 27 cent.

SCHOTEL (J. C.)

288 — Un Grain.

Une flotte hollandaise est au mouillage; sur la droite, des pêcheurs dans leurs bateaux serrent leurs voiles, se dirigeant près d'un village que l'on aperçoit vers le fond.

Belle aquarelle signée.

Haut., 32 cent.; larg., 46 cent.

SCHOTEL (J. C.)

289 — Marine et bateaux à voiles.

Sépia.

Haut., 14 cent.; larg., 24 cent.

SIMONETTI (ATTILO)

290 — Paysan italien assis et adossé contre un mur; à sa gauche, une cruche et un bâton.

Vigoureuse aquarelle ayant figuré au Salon de 1875.

Signée et datée.

Haut., 47 cent.; larg., 33 cent.

SIMONETTI (ATTILO)

291 — La Bouteille du bon coin.

Beau dessin à la plume.
Signé A. SIMONETTI, 1872.
Collection du prince Soutzo.

Haut., 30 cent.; larg., 21 cent.

SIMONETTI (ATTILO)

292 — Femme italienne tenant une quenouille.

Aquarelle.

Haut., 25 cent.; larg., 14 cent

SIMONETTI (ETTORE)

293 — Paysan italien allumant sa pipe.

Aquarelle signée Ettore Simonetti, Roma, 75.

Haut., 48 cent.; larg., 32 cent.

TASSAERT (OCTAVE)

294 — La Pauvre mère.

Sanguine rehaussée de blanc sur papier bleu.
Signé.

Haut., 34 cent.; larg., 26 cent.

TROYON (CONSTANT)

295 — Vaches dans une étable.

Crayon noir rehaussé de blanc.

Provenant de la vente après décès de l'artiste.

Haut., 23 cent.; larg., 35 cent.

VERBOECKHOVEN (EUGÈNE)

296 — Cerfs et leurs petits auprès d'une fontaine.

Très-beau dessin, de la plus remarquable finesse, à la mine de plomb.

Signé et daté 1844.

Haut., 16 cent.; larg., 22 cent.

VERNET (HORACE)

297 — **Cavalier et garde-champêtre.**

Beau dessin à la mine de plomb, lithographié par l'artiste sous le titre : *Ça rapproche.*

Signé H. VERNET.

Vente Ad. Fould.

Haut., 15 cent.; larg., 20 cent.

VERNET (CARLE)

298 — **Chasseur de la garde impériale à cheval.**

Aquarelle signée.

Haut., 30 cent.; larg., 24 cent.

WATELET

299 — **Moulin et torrent dans les Vosges.**

Aquarelle gouachée.

Haut., 21 cent.; larg., 29 cent.

ZICHY

300 — **La Lettre de recommandation.**

Beau dessin à la sépia, signé et daté 1874.

Collection du prince Soutzo.

Haut., 34 cent.; larg., 25 cent.

ZIEM

301 — **Bateau de pêcheur à marée basse.**

Sépia.

Vente Charles de Tournemine.

Haut., 30 cent.; larg., 19 cent.

302 — **Sous ce numéro seront vendus les dessins non catalogués.**

www.ingramcontent.com/pod-product-compliance
Ingram Content Group UK Ltd.
Pitfield, Milton Keynes, MK11 3LW, UK
UKHW031920260826
14628UKWH00003B/1323

9 782329 550947